_______________ 님께

이 책을 드립니다.

My
Sermons Book

한 주를 버티게 하는 힘, 설교

Date	2018 / 2 / 4		주일 예배

제목 높은 마음을 품지 말고

본문 로마서 11장 11-24절

설교자 이찬수 목사님

설교 말씀

★바울의 모습에서 배워야 할 것

1. '내 생각'보다는 '하나님의 생각과 뜻'에 초점을 맞추는 태도
   → 사도행전 16:7-8
   - 바울은 이방인의 사도라고 고백함,
     이방인의 삶, 인생의 변화를 동족 유대인이 보고 질투하여
     변화하길 바람

2. '맡겨진 사명'에 대한 열정
   → 사도행전 20:22~24
   - 이방인 성도들에게 가지들을 자랑하지 말라는 메시지를 전함.
     높은 마음을 품지 말고 두려워하라. 유대인을 향하여
     교만해지지 말라.
     '사명이냐, 교만이냐'의 두 갈림길

★ 교만을 피하기 위해서

1. 교만은 우리를 망하게 하는 '흉기'임을 기억하기
   ex) 웃시아 왕이 죽던 해에 (역대하 26:16)

2. 바울처럼 좀 더 큰 그림 그리기
   바울이 가진 원대한 꿈은 이방인 사도의 역할을 잘해서
   유대인들을 시기하여 주께 돌아오는 것이었다.

🍃 결론

  • 원가지는 나를 예수 믿게 해준 사람이다.
  • 예수 그리스도로 진짜 행복한 사람이 되어서
    그 사람에게 시기 나서 주를 믿는 열심이 생기게 하자.
  • 우주를 창조하신 하나님을 내 안에 품길 바란다.
  • 생각의 지경이 넓어지길 바란다.

Date 2018 / 2 / 18   주일 예배

제목   허물고 다시 지으라

본문   요한복음 2장 13-22절

설교자   심은수 목사님

설교 말씀

1. 허물어야 할 성전

이스라엘 백성은 성전 중심의 신앙, 제사를 중요하게 여김
하나님은 영이시기 때문에 건물에 가둘 수 없다.
하나님을 더 잘 예배하고 싶고, 제사를 잘 드리고 싶은 순수한 동기로 지었지만
→ 형식에 치우치고, 신앙의 타성에 젖다보니 성전이 퇴색되어버림

외적인 화려함보다 하나님을 경외하고 사랑하는 마음이 필요하다.
성전은 기도하는 집, 하나님과의 〈친밀함〉의 집이지,
하나님을 달래거나 내 탐욕을 채워가는 곳이 아니다.
이런 성전은 오히려 믿음을 약화시키고 형식적인 것으로 만들어버린다.

2. 예수님의 분노

사람의 탐욕과 종교 지도자들, 기득권을 가진 자들이 폭리를 취하면서
성전이 장사하는 곳이 되어버림
→ 예수님은 아버지의 집, 기도하는 집을 장사하는 집으로 만든 것에 분노하심

하나님의 뜻에서 멀어지는 것에 대해서는 분노해야 한다.
편리함은 영성의 가장 큰 적이다.
편리함을 내려놓는 훈련을 해야 한다.
→ 하나님과의 관계가 조금 더 깊어질 수 있다.
껍데기만 남은 신앙에 대한 예수님의 분노는 어쩌면
우리를 향하고 있는 것이다.

3. 참 성전이신 예수님

십자가와 부활을 통해 세운 새로운 성전
=하나님과 공동체로서의 성전
건물이 신앙의 중심이 되어서는 안 된다.
우리의 신앙도 돌아보자.
주일 한 번 예배드렸으니 일 주일 동안 괜찮다는 생각
→ 신앙이 약해져 있지 않은지

예배는 자기만족이 되어서는 안 된다.
또한 성전이 개인화되지 않아야 한다.
성전 중심의 신앙이 아니라 예수 중심의 신앙,
우리가 성전이 되어야 한다.
성전으로 살아가고, 자신을 거룩한 산 제물로 드려라.

결론: 세워야 할 성전

성전은 주님의 〈임재〉가 있고, 주님의 〈말씀〉이 살아 있어 날마다
그 분과 함께 죽고, 그 분과 함께 살아나는 자리이다.
우리가 세워야 할 성전은 성령 안에서 주님의 말씀대로
살아가는 예배 공동체, 예배자의 삶이다.

→ 주님의 몸을 이루는 교회 공동체로도,
→ 세상에서 거룩한 제물로 살아가야 하는 개인의 삶으로도 존재

성전이 끊임없이 〈정화〉되어 주님의 은혜가 넘치길 소망한다.

Date   /   /   예배
제목
본문
설교자
설교 말씀

제목

본문

설교자

설교 말씀

Date   /   /   예배

제목

본문

설교자

설교 말씀

Date　　　／　　　／　　　　　　　　　　　　　예 배

제 목

본 문

설 교 자

설 교 말씀

Date   /   /   예 배

제 목

본 문

설교자

설교 말씀

제목

본문

설교자

설교 말씀

제목

본문

설교자

설교 말씀

Date　　　/　　　/　　　　　　　　　　　　　　　　　　예배

제목

본문

설교자

설교 말씀

Date　　　/　　　/　　　　　　　　　　　　　예배

제목

본문

설교자

설교 말씀

제목

본문

설교자

설교 말씀

Date   /   /   예배

제 목

본 문

설교자

설교 말씀

Date   /   /   예배

제목

본문

설교자

설교 말씀

제목

본문

설교자

설교 말씀

제목

본문

설교자

설교 말씀

Date   /   /   예배

제목

본문

설교자

설교 말씀

Date   /   /   예배

제목

본문

설교자

설교 말씀

Date   /   /   예배

제목

본문

설교자

설교 말씀

Date   /   /   예배
제목
본문
설교자
설교 말씀

My Sermons Book

초판 1쇄 인쇄 2018년 3월 15일
초판 1쇄 발행 2018년 3월 20일

발행인 조상현
마케팅 김나연
편집인 김주연
디자인 Design IF
펴낸곳 더디퍼런스

* 마이북은 더디퍼런스의 지식실용 브랜드입니다.

등록번호 제2015-000237호
주소 서울시 마포구 마포대로 127, 304호
문의 02-712-7927
팩스 02-6974-1237
이메일 thedibooks@naver.com
홈페이지 www.thedifference.co.kr

ISBN 979-11-6125-085-4(애니멀)(02230)
　　　 979-11-6125-088-5(패턴)
　　　 979-11-6125-091-5(핸즈)

독자 여러분의 소중한 원고를 기다리고 있으니 많은 투고 바랍니다.
이 책은 저작권법 및 특허법에 따라 보호받는 저작물이므로 무단전재와 무단복제를 금합니다.
파본이나 잘못 만들어진 책은 구입하신 서점에서 바꾸어 드립니다.
책값은 뒤표지에 있습니다.